Made in the USA
Coppell, TX
18 April 2024

31472403R00030